39695364R00068

Made in the USA
Middletown, DE
23 January 2017